100
infos à connaître

LES FORÊTS TROPICALES

100 infos à connaître

LES FORÊTS TROPICALES

Camilla de la Bedoyere
Consultant : Barbara Taylor

Piccolia

5, rue d'Alembert - 91240 Saint-Michel-sur-Orge
Dépôt légal : 1er trimestre 2010
Loi n°49-956 du 16 juillet 1949
sur les publications destinées à la jeunesse.
Imprimé en Chine.

Remerciements aux artistes qui ont contribué à l'élaboration de ce titre :
Ian Jackson, Mike Foster
Couverture : Fritz Polking/FLPA
Page 6 Siegfried Layda/Getty Images ; 8–9 Nigel J Dennis/NHPA ; 10 Owen Franken/Corbis, urosr/Fotolia ;
11 Frans Lanting/Corbis, Demetrio Carrasco/JAI/Corbis ; 12–13 Nick Gibson/Photolibrary ; 12 amaet/Fotolia ;
13 Impala/Fotolia ; 18–19 Wave RF/Photolibrary ; 19 Mark Moffett/Minden Pictures/FLPA, Sergio Pitamitz/Photolibrary ;
21 Paul Raffaele/Rex Features ; 22–23 Roy Toft/Getty Images ; 24 Sloth92/Dreamstime, fivespots/Fotolia ;
25 Martin Harvey/Corbis, Frans Lanting/FLPA ; 26 Jeffrey Oonk/Minden Pictures/FLPA ; 29 Mike Powles/Photolibrary ;
30 David M Dennis/Photolibrary, Garcia Garcia/Photolibrary ; 31 David Kirkland/Photolibrary ;
32–33 Wendy Shattil/Photolibrary ; 34–35 J & C Sohns/Photolibrary ; 34 Morales Morales/Photolibrary ;
36 Michael Luckett/Fotolia ; 40–41 ImageBroker/Imagebroker/FLPA ; 41Shariff Che'Lah/Fotolia, Braendan/Dreamstime,
Uros Petrovic/Fotolia, George Steinmetz/Corbis ; 42–43 Cyril Ruoso/JH Editorial/Minden Pictures/FLPA ;
43 NHPA/Martin Harvey ; 44 Frans Lanting/Corbis ; 45 (main) Jacques Jangoux/Photolibrary ;
46 Matthias Clamer/Getty Images, BrazilPhotos.com/Alamy ; 47 Berndt Fischer/Photolibrary
Corel, digitalSTOCK, digitalvision, iStockphoto.com, John Foxx, PhotoAlto, PhotoDisc, PhotoEssentials, PhotoPro, Stockbyte

Imprimé sur papier issu de forêts gérées durablement.

Sommaire

Merveilles du monde

1 **Les forêts tropicales font partie des trésors de notre planète.** Depuis des millions d'années, elles constituent un environnement unique abritant une immense variété de formes de vie. Elles permettent de lutter contre l'effet de serre, participent au cycle de l'eau et à la régénération des sols.

▼ Dans une forêt tropicale humide, des plantes de toutes sortes se disputent la lumière et l'espace. Elles créent un paysage vert émeraude de sous-bois feuillus et d'arbres imposants.

La forêt tropicale

2 **La forêt tropicale est caractéristique des régions tropicales et équatoriales.** En réalité, il n'existe pas une mais plusieurs forêts tropicales, selon le type de climat et de sol. Il y a environ 100 millions d'années, elle occupait la quasi-totalité des terres du globe. Elle n'en recouvre aujourd'hui plus que 6%.

3 **Les arbres offrent un habitat, c'est-à-dire un milieu de vie, à des millions d'animaux et de plantes.** La plupart d'entre eux ne pourraient pas survivre ailleurs. Une raison parmi tant d'autres d'agir pour la préservation des forêts tropicales !

Un toucan toco

4 **De tous les milieux de vie sur Terre, c'est dans les forêts tropicales que l'on trouve la plus grande diversité d'êtres vivants.** Ces forêts abritent plus de 80 % des insectes connus et la forêt tropicale d'Amérique du Sud compte, à elle seule, 18 000 espèces de plantes différentes. On utilise le mot « biodiversité » pour désigner l'ensemble des êtres vivants partageant un même habitat.

Un tapir

Ornithoptère de la reine Alexandra

5 Les forêts tropicales sont composées de quatre couches principales. Les deux plus basses sont le sol de la forêt (sombre, froid et humide) et le sous-bois (où poussent les plantes de sol). On y trouve des insectes, des grenouilles, des champignons et beaucoup d'autres formes de vie. La couche médiane s'appelle la canopée (la voûte des arbres). Au-dessus, on trouve la couche supérieure : c'est là qu'émergent les plus grands arbres. Les arbres abritent des plantes grimpantes, des mousses, des singes, des lézards, des serpents, des insectes et des milliers d'espèces d'oiseaux.

◀ La plupart des animaux et des plantes de la forêt tropicale vivent dans la canopée. Le sous-bois est très sombre, car la lumière du Soleil a du mal à y percer.

INCROYABLE !

Dans les forêts tropicales, les maisons sont construites avec des matériaux végétaux. Les murs sont faits de branches de palmier ou de bambou. Toits et sols sont en feuilles de palmier tressées.

Agalychnis callidryas ou grenouille aux yeux rouges.

6 Les forêts tropicales abritent des animaux, des plantes mais aussi des hommes. De nombreuses tribus vivent dans les forêts tropicales du monde entier. Elles sont capables d'y trouver de la nourriture, des remèdes et un toit. Certaines d'entre elles conservent un mode de vie traditionnel basé sur la chasse et la cueillette.

Divers types de forêts

7

Les forêts tropicales les plus célèbres sont humides. Ce sont les jungles. Elles se caractérisent par de nombreuses précipitations et une saison sèche très courte. Dans ces forêts, on trouve des arbres immenses, pouvant atteindre 50 m de haut et 2 m de diamètre ! L'ensemble des cimes forme une sorte de toit végétal, appelé la canopée, qui empêche la lumière du Soleil d'atteindre le sous-bois. L'Amazonie est la forêt tropicale humide la plus connue.

▼ Sur le fleuve Amazone, au Brésil, un enfant navigue sur une pirogue fabriquée dans un tronc d'arbre évidé.

8

Les forêts tropicales ne se développent pas toutes sous un climat humide ! Il existe des forêts tropicales sèches ! Elles sont situées dans des zones présentant une saison sèche bien marquée, en Afrique par exemple. Dans les régions tropicales, on trouve aussi des steppes et des savanes.

9

On trouve des forêts tempérées humides abritant les plus grands arbres du monde ! Elles se situent souvent près des océans et bénéficient de précipitations abondantes. C'est le cas par exemple en Californie, aux États-Unis. Le brouillard océanique leur permet de rester fraîches et humides, même en été. On y trouve parfois des séquoias, des arbres géants pouvant atteindre 115 m de haut.

▶ Les séquoias sont des arbres géants qui proviennent de graines minuscules. Ces arbres produisent des cônes qui contiennent jusqu'à 300 graines chacun.

▶ Les arbres de la mangrove développent de longues racines enchevêtrées qui ralentissent le mouvement de l'eau, créant ainsi un habitat naturel pour certains animaux.

10

Sur le littoral des régions tropicales, on trouve un écosystème particulier appelé la mangrove. Ce sont des forêts basses qui se développent dans la vase salée des zones côtières soumises aux marées. Les mangroves jouent un rôle important dans la reproduction de certains animaux marins, et dans la protection des côtes.

11

Les forêts tropicales situées en montagne sont souvent enveloppées de brume. On les appelle des forêts de nuages ou forêts d'altitude. On en trouve un peu partout dans le monde. Les conditions d'humidité permanente favorisent le développement de plantes comme les mousses, les fougères et les hépatiques. Le tronc et les branches des arbres d'une forêt de nuages peuvent être entièrement recouverts d'un manteau de mousse vert et brillant.

▶ Les forêts de nuages semblent être des endroits bien mystérieux, car une fine brume y enveloppe en permanence arbres et plantes.

UN ARBRE DANS TES BRAS !

Promène-toi en forêt et apprends le nom de certains arbres. Prends un carnet à dessin pour rapporter quelques croquis. Observe les arbres et essaie d'entourer leur tronc avec tes bras. Peux-tu en trouver un qui soit si gros que tes doigts ne se touchent pas ?

Où dans le monde ?

12 Les forêts tropicales se situent dans les régions proches de l'équateur. Au sud de l'équateur, on trouve la zone du tropique du Capricorne, tandis qu'au nord se trouve la zone du tropique du Cancer. Ces forêts s'étendent entre les deux tropiques et suivent l'équateur : on les appelle aussi forêts tropicales équatoriales.

▼ Les grizzlis vivent dans des forêts proches de la côte du Pacifique. Ils chassent le saumon dans les rivières froides.

13 Des vents humides et des brouillards froids en provenance de l'océan Pacifique balayent les côtes de l'Amérique du Nord, créant un climat idéal pour les forêts tempérées humides. Ce climat est parfait pour les arbres à feuillage persistant (les sempervirents), les conifères géants qui y poussent. Ces forêts sont habitées par des ours noirs, des pumas et des cerfs à queues noires.

14 L'Amazonie est une immense forêt tropicale d'Amérique du Sud qui s'étend sur le Brésil et sur plusieurs pays voisins. Plus au sud, au Chili, on trouve des forêts tempérées humides, enveloppées d'un brouillard froid. Dans ces forêts poussent des arbres très anciens qu'on appelle des alerces : le plus vieux aurait plus de 4 000 ans.

◄ Les piranhas sont des poissons de l'Amazone aux dents tranchantes. Ils se nourrissent de toutes sortes d'animaux, dont d'autres poissons et des escargots.

◀ L'Atlas est le plus grand papillon de nuit connu dans le monde. Il vit dans la canopée des forêts de nuages d'Asie.

▼ Le casoar est un grand oiseau qui ne peut pas voler. Il vit dans les forêts d'Australie et de Nouvelle-Guinée.

◀ Les vipères des buissons vivent dans la canopée et rampent vers le sol pour chasser des grenouilles et des lézards. On les trouve en Afrique.

15

Les forêts de nuages se situent généralement en régions montagneuses, où pluies et brouillards sont abondants. En Chine, la forêt de nuages du Yunnan pousse sur de hautes montagnes et dans des gorges profondes. Le nom *Yunnan* signifie « Au sud des nuages ». C'est un endroit mystérieux que peu de gens ont visité.

QUIZ

1. Qu'est-ce que l'équateur ?
2. Où vit le casoar ?
3. Quel âge a le plus vieil alerce connu ?

1. Une ligne imaginaire qui encercle la Terre 2. En Nouvelle-Guinée et en Australie 3. Plus de 4 000 ans

L'arbre, un espace de vie

16 Le noyer du Brésil produit des fruits comestibles. Ces fruits (les noix du Brésil) sont contenus dans une coque de la taille d'un melon, et dure comme une pierre. Ces arbres offrent un habitat et de la nourriture à de nombreux êtres vivants.

▲ Dans chaque coque ronde, on trouve de 12 à 24 graines et plusieurs noix à l'intérieur de chaque graine.

17 Quand les coques sont mûres, elles tombent sur le sol. Seul l'agouti (un rongeur de la taille d'un chien) a les dents assez dures pour briser les coques de ces fruits et se régaler des délicieuses noix du Brésil. Les agoutis enterrent certaines de ces noix pour se faire une réserve mais les oublient parfois et des arbres poussent.

18 Les figuiers étrangleurs poussent autour du tronc des arbres des forêts tropicales. Au fil des années, le figuier grandit jusqu'à étouffer complètement son hôte. Une fois que l'arbre hôte est mort, il ne reste plus que les racines enchevêtrées et les branches du figuier, qui forment une sorte de sinistre squelette.

◀ Les dents de l'agouti se reconstituant sans cesse, il peut briser les coques des noix tout au long de sa vie.

▼ Les fleurs du noyer du Brésil s'ouvrent avant le lever du soleil. À la fin de la journée, toutes se referment.

20 Les noyers du Brésil dépendent d'une seule espèce d'insecte pour survivre : l'abeille Euglossine.

Les noyers du Brésil dépendent d'une seule espèce d'insecte pour survivre : l'abeille Euglossine. C'est le seul insecte qui est assez fort pour percer le capuchon de leurs lourdes fleurs pour les féconder. Ainsi, elles deviendront graines et noix.

▶Les abeilles Euglossine femelles butinent les fleurs du noyer du Brésil pour se nourrir de leur nectar, alors que les mâles récoltent le parfum des orchidées pour attirer les femelles.

Une abeille Euglossine mâle

19 Les feuilles qui tombent au pied des arbres tropicaux disparaissent rapidement.

Les feuilles qui tombent au pied des arbres tropicaux disparaissent rapidement. La matière morte (qu'on appelle des déchets végétaux) se décompose peu à peu sous l'action des champignons. C'est une méthode naturelle de recyclage qui s'appelle la décomposition : les déchets végétaux se transforment ainsi en humus. L'humus réintègre le sol de la forêt et permet aux autres plantes de se nourrir.

21 Quand un certain nombre d'êtres vivants dépendent les uns des autres pour survivre dans leur milieu naturel, ils forment un ensemble qu'on nomme un écosystème.

Quand un certain nombre d'êtres vivants dépendent les uns des autres pour survivre dans leur milieu naturel, ils forment un ensemble qu'on nomme un écosystème. Les forêts tropicales forment de grands écosystèmes, et le noyer du Brésil en est un petit. Quand un noyer du Brésil est abattu, de nombreuses autres formes de vie qui en dépendent, meurent avec lui.

◀ Un arbre de noix du Brésil peut mesurer jusqu'à 60 mètres de haut et produire plus de 100 kilogrammes de noix par an.

Incroyable Amazonie

◀ Un dynaste Hercule d'Amazonie peut mesurer jusqu'à 17 cm de long. C'est l'un des plus grands insectes du monde.

22 **La forêt amazonienne est la plus grande forêt tropicale équatoriale du monde.** Elle couvre 6 millions de km^2, ce qui équivaut presque à la superficie de l'Australie. D'après nos connaissances, près de la moitié des espèces de plantes et d'animaux du monde vivent en Amazonie.

23 **Le fleuve Amazone serpente dans la forêt, source de vie pour nombre d'habitants.** C'est l'un des plus grands fleuves du monde : il s'étire sur près de 6 400 km avec un débit moyen de 175 000 m^3/s soit plus de 100 fois le débit du Rhône. Les humains et les animaux qui vivent en forêt utilisent le fleuve pour se déplacer, se nourrir et s'approvisionner en eau.

24 **Les spécialistes des insectes qui partirent en Amazonie dans les années 1840 découvrirent plus de 8 000 nouvelles espèces de scarabées.** Alfred Wallace et Henry Bates furent parmi les premiers scientifiques à réaliser que cette forêt tropicale renfermait un fantastique éventail de formes de vie animales et végétales n'existant nulle part ailleurs. Charles Darwin la décrivait comme une « immense serre sauvage, luxuriante et désordonnée ».

▼ L'ensemble du fleuve Amazone représente 20% des réserves en eau douce de la Terre.

25

Les eaux de l'Amazone abritent diverses sortes d'animaux et de plantes. Des nénuphars géants de 2 mètres de large poussent dans les parties calmes du fleuve, mais sous l'eau rôdent des alligators affamés, des piranhas aux dents acérées, des dauphins d'eau douce ou des loutres géantes du Brésil.

26

Il y a plus de 400 espèces de reptiles, comme des serpents et des lézards, dans la forêt tropicale d'Amazonie. Il y a aussi plus de poissons d'eau douce dans le fleuve Amazone que partout ailleurs dans le monde, et plus de 225 sortes d'amphibiens (comme les grenouilles et les crapauds) qui vivent dans ses eaux.

▶ Pour profiter de la chaleur du Soleil, les grands iguanes verts aiment s'étendre sur les branches qui bordent le fleuve Amazone.

INCROYABLE !

Les sangsues géantes d'Amazonie peuvent atteindre jusqu'à 30 centimètres de long ! Elles sucent le sang des animaux pour se nourrir à l'aide de dents tranchantes, d'une salive anesthésiante et anticoagulante.

Les peuples d'Amazonie

27 **C'est en 1540 qu'un explorateur espagnol s'aventura sur le fleuve ; il le nomma alors Amazone.** En descendant le fleuve, Francisco de Orellana livra une bataille contre les Indiens Tapuyas, dont les cheveux longs lui rappelèrent les guerrières mythiques décrites par les Grecs anciens : les amazones. Il décida de nommer le fleuve « Amazone » en leur hommage.

▶ Le peuple Yanomani construit d'immenses huttes circulaires appelées *shabonos*. La nuit, les jeunes gens dorment dans des hamacs, en dehors des *shabonos*.

28 **Au XVIe siècle, quand arrivèrent les Européens, environ 7 millions de personnes vivaient dans la forêt tropicale amazonienne.** Aujourd'hui, 500 ans plus tard, il en reste moins d'un million. Les peuples d'Amazonie vivent en groupes ou en tribus : ils ont chacun leur langue et leur culture.

29 **De nos jours, le peuple Yanomani vit encore selon ses anciennes traditions.** Les villageois partagent une grande maison, le *shabono*. Les femmes cultivent le maïs, le manioc, la patate douce et les hommes chassent à l'aide de sarbacanes, d'arcs et de flèches. La forêt est l'école des enfants, le lieu où ils apprennent à survivre et à protéger leur milieu de vie, la jungle.

◀ Un village Yanomani est composé de plusieurs familles. Les villageois vivent, travaillent et jouent ensemble, se transmettant leurs traditions et leurs connaissances.

30

Le peuple Embera utilise le venin produit par certaines grenouilles de la forêt tropicale pour chasser le gibier. Les hommes frottent la pointe de leurs fléchettes sur le dos de ces grenouilles avant de s'en servir dans leurs sarbacanes. Le dendrobate « kokoï » est assez venimeux pour tuer dix hommes. Ces dernières années, de nombreuses espèces de grenouilles de la forêt tropicale se sont éteintes, mais personne ne sait pourquoi.

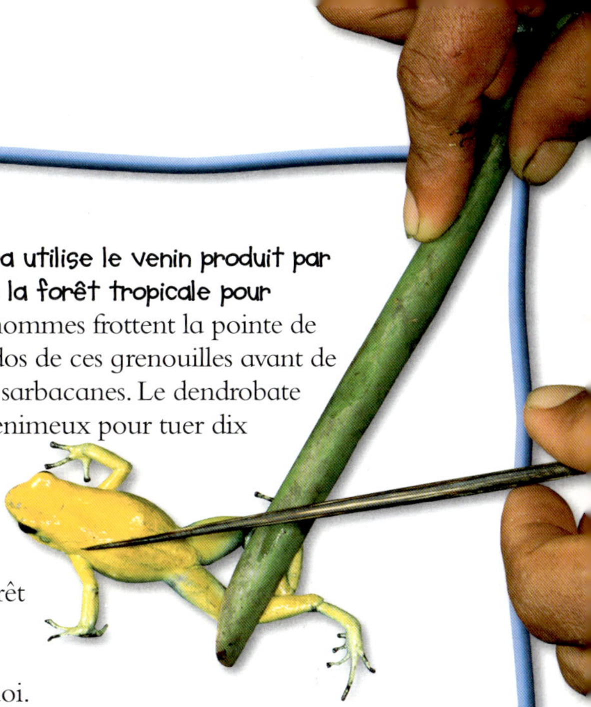

▲ Le corps du « kokoï » est enduit d'un venin.

31

Certains peuples d'Amazonie vivent dans des zones reculées de la forêt tropicale ; ils doivent cependant faire face à un avenir incertain. De vastes zones de l'Amazonie sont colonisées par des entreprises qui abattent les arbres ou exploitent des mines. Elles détruisent de grandes parties de la forêt, obligeant ses habitants à vivre ailleurs.

▶ Les femmes Embera lavent leur linge et préparent leur nourriture dans les rivières et les lacs, mais aujourd'hui ceux-ci sont souvent pollués.

Les forêts d'Océanie

32 **Il y a des centaines de millions d'années existait un continent gigantesque, le Gondwana.** Il y a près de 140 millions d'années, le Gondwana a commencé à se morceler. L'Australie, la Nouvelle-Zélande et la Nouvelle-Guinée ont fini par se séparer et n'ont plus de contact avec le reste des terres. L'évolution des espèces animales a été très différente de celle des autres régions du globe.

33 **Se promener dans les forêts de nuages de Nouvelle-Guinée est une expérience incroyable.** L'air est moite et le sol est recouvert de plantes, en particulier de mousses et de fougères. Quand les nuages crèvent, tout être vivant est aussitôt trempé par des pluies torrentielles.

34 **On trouve des dragons dans la forêt tropicale australienne, prêts à se jeter sur tout ce qui bouge.** Ce ne sont pas de vrais dragons, mais des lézards appelés « lézards à collerette » qui attaquent les insectes, pas les hommes ! Ils vivent dans les arbres où les motifs de leurs écailles leur permettent de se dissimuler.

▶ Les kangourous arboricoles d'Australie sautent de branche en branche. Quand on les effraie, ils peuvent descendre du haut des arbres d'un seul bond gigantesque.

INCROYABLE !

Ces 200 dernières années, la plupart des forêts tropicales australiennes ont été remplacées par des fermes et des villes. Si le casoar à casque (une espèce menacée) venait à s'éteindre, 150 plantes de la forêt qui comptent sur lui pour disséminer leurs graines disparaîtraient aussi.

▼ Les familles Korowai vivent dans des huttes perchées haut dans les arbres. Elles mangent du sagou (une substance végétale), des larves de scarabée et chassent le cochon sauvage.

◀ Les lézards à collerette restent totalement immobiles à l'affût de leur proie, puis fondent sur elle en un instant.

35 **Pendant le dernier âge de glace, des glaciers recouvraient certaines parties de la Nouvelle-Zélande.** Aujourd'hui, le climat étant plus chaud, des forêts tropicales humides et fraîches ont remplacé les glaciers. La forêt de Fiordland abrite le takahé, un oiseau qui ne sait pas voler. Il n'existe que dans cette région.

36 **Les populations tribales de l'île de Nouvelle-Guinée vivent dans des maisons à 50 mètres du sol.** Les tribus Korowai et Kombai bâtissent leurs maisons dans les arbres pour se défendre en cas de guerre ou se protéger des animaux et des insectes, en particulier des moustiques porteurs de maladies.

Magique Madagascar

37 Madagascar est la quatrième plus grande île du monde. Elle se trouve à l'est de l'Afrique, dans les eaux chaudes de l'océan Indien. Ses forêts tropicales couvrent 10 000 km² et se situent principalement sur la côte est de l'île.

38 Quand Madagascar se sépara du reste de l'Afrique, il y a environ 165 millions d'années, sa faune et sa flore commencèrent à évoluer de façon unique. Cette région tropicale est aujourd'hui un paradis pour certains animaux comme les lémuriens ou les lézards colorés appelés caméléons. Entre 80 et 90 % des 250 000 espèces qui vivent là, n'existent nulle part ailleurs. On ne cesse d'en découvrir de nouvelles.

▼ Les lémurs catta (ou makis mococo) vivent en groupe ; ils sont dirigés par des femelles. Ils se nourrissent de plantes et contrairement à la plupart des lémuriens, ils passent la majeure partie de leur temps au sol.

39 Les lémuriens sont des animaux à grandes pattes et longue queue touffue, qui sautent d'arbre en arbre. Ils sont parents des singes et des primates et, comme leurs cousins, ce sont des créatures intelligentes et curieuses. Le maki vit dans des groupes familiaux qui rassemblent jusqu'à 25 membres. Ils aiment s'asseoir au soleil, mais se dispersent en un instant si un membre du groupe émet un cri d'alarme, signe de danger proche.

◀ Il existe plus de 3000 espèces de papillons à Madagascar dont beaucoup ne vivent que sur l'île.

40 Les hommes peuplent Madagascar depuis environ 2 000 ans.

Des voyageurs en provenance d'Arabie, d'Asie, d'Afrique, d'Indonésie mais aussi d'Europe, s'y sont installés. Quatre adultes sur cinq gagnent leur vie grâce à l'agriculture. Plus de 90 % des forêts tropicales de Madagascar ont été détruites pour fournir des terres cultivables à la population croissante.

◀ La pervenche de Madagascar est utilisée pour fabriquer des médicaments qui combattent le diabète, le paludisme...

41 La jolie pervenche de Madagascar pousse dans les forêts tropicales de l'île : on l'utilise pour combattre le cancer.

Elle contient des composants servant à fabriquer des médicaments qui luttent contre cette maladie mortelle. La pervenche de Madagascar est menacée à l'état sauvage, car son habitat naturel a été en grande partie détruit.

INCROYABLE !

Les lémuriens de Madagascar abritent des mille-pattes géants dans leur fourrure. Les scientifiques ont découvert que cet insecte dépose sur son passage des substances chimiques qui éloignent les mouches et les puces des lémuriens : un véritable répulsif naturel !

▶ L'aye-aye de Madagascar se nourrit de larves et d'insectes nichant dans le tronc des arbres. Il tapote le tronc pour repérer le bruit des larves qui se déplacent à l'intérieur puis les déloge grâce à son très long doigt.

Aventures africaines

▲ La forêt tropicale centrafricaine abrite plus de 11 000 espèces de plantes et plus de 400 sortes de mammifères, comme l'éléphant de forêt d'Afrique.

42 **La forêt tropicale du Congo (ou forêt tropicale centrafricaine) se trouve au centre de l'Afrique, dans le bassin fluvial du fleuve Congo.** Au niveau de la superficie, c'est la deuxième plus grande forêt tropicale (2 fois la France). Elle s'étend sur 16 pays dont le Cameroun et le Gabon.

43 **Avant que des explorateurs européens ne s'aventurent dans les forêts d'Afrique, les habitants vivaient en harmonie avec leur environnement.** Ils vivaient de la chasse et de la cueillette, ne tuaient que les animaux dont ils avaient besoin et cueillaient les fruits à la main.

44 **Se promener dans la forêt tropicale africaine est un véritable défi !** La végétation entrave chaque pas et des sons étranges s'élèvent de partout, comme des couinements, des trilles, des chants, des pépiements, des grognements et des rugissements. Des araignées et des serpents mortels rôdent dans les coins sombres, et certains insectes (qui piquent ou qui mordent) peuvent repérer une odeur humaine en quelques secondes.

◀ Les perroquets gris du Gabon vivent en groupes au sommet des arbres. Ils se nourrissent de fruits et de graines.

45 Le peuple Twa de Centrafrique est un peuple de pygmées ; ces hommes sont inhabituellement petits.

Le peuple Twa de Centrafrique est un peuple de pygmées ; ces hommes sont inhabituellement petits. Ils ont vécu pendant des milliers d'années dans les forêts tropicales africaines grâce à la chasse et la récolte du miel. Quand les fermiers détruisirent les forêts des Twa, ces derniers se retrouvèrent sans habitations et sans nourriture. La plupart d'entre eux vivent aujourd'hui dans une grande pauvreté.

▶ Certains hommes Twa escaladent encore les arbres pour récolter du miel, mais la plupart des membres de cette tribu ont été contraints de quitter leur forêt natale.

46 Les bois durs d'Afrique sont prisés pour leur grande beauté et leur longévité.

Les bois durs d'Afrique sont prisés pour leur grande beauté et leur longévité. Ces bois proviennent des arbres tropicaux et sont utilisés depuis des siècles pour fabriquer des meubles et des objets décoratifs de grande qualité. L'acajou, l'ébène et le teck sont tous des bois exotiques des forêts tropicales d'Afrique.

▼ Les Nations Unies estiment que les 2/3 de la forêt tropicale du Congo n'existeront plus en 2040.

QUIZ

Trois de ces pays se trouvent en Afrique, et trois en Amérique du Sud. Peux-tu les replacer sur leur continent d'origine ?

Colombie Guyane

Gabon Brésil

Congo Ghana

Afrique : Congo Gabon Ghana
Amérique du Sud : Brésil
Colombie Guyane

En Extrême-Orient

47 **Le mot « jungle » vient du sanskrit « gangala » qui signifie « lieu sauvage ».** La plupart des forêts tropicales d'Asie s'étendent de l'Inde au Bhoutan et à la Malaisie, ou sur les îles tropicales comme Sumatra.

▼ Les orangs-outangs vivent la majeure partie de leur temps dans les arbres, mais il leur arrive d'aller au sol ou dans l'eau.

48 **Les forêts de nuages de Bornéo procurent abri et nourriture à l'un des primates les plus menacés du monde.** Les orangs-outangs vivent dans les arbres et se nourrissent des fruits de plus de 400 sortes d'arbres, surtout de durians et de figues. Quand ils ne trouvent pas de fruits, ils mangent des feuilles et des écorces.

PLUVIOMÉTRIE

Il te faut :
un récipient en plastique transparent, une règle graduée et un carnet.
Mesure la quantité d'eau qui tombe dans ta région.
Installe le récipient vide dehors, loin des arbres. Mesure la quantité d'eau dans le récipient, tous les jours à la même heure. Vide ton récipient après chaque mesure. Note tes relevés dans ton carnet et compare-les aux autres jours.

49

Les sagoutiers, palmiers « comestibles », offrent une importante source de nourriture : le sagou. Les femmes le préparent à partir de la moelle (la matière spongieuse de l'intérieur du tronc ou d'une branche). Elles émincent cette moelle et la font tremper pour la transformer en une sorte de pulpe. En séchant, cette pulpe se transforme en farine qui peut être cuisinée. Les populations tribales sont également friandes des larves de sagou : de gros vers qui vivent à l'intérieur des palmiers en décomposition.

◀ L'aigle des singes a une envergure de plus de 2 mètres. C'est un formidable prédateur capable d'attraper au vol des proies comme les lémuriens. Il est menacé d'extinction car plus de 90 % de son habitat naturel (la forêt des Philippines) ont été détruits.

50

« Orang Asli » est le nom que portent les populations des forêts tropicales de Malaisie. Elles ont récemment mené un dur combat pour leur survie. En Malaisie, les " Orang Asli " étaient souvent capturés et vendus comme esclaves aux chefs locaux. Ils vivent encore nombreux dans la forêt tropicale, où ils chassent le singe avec des sarbacanes de bambou.

51

Surnommé le seigneur de la jungle, l'aigle des singes plane au-dessus des forêts tropicales asiatiques, chassant les singes et les écureuils. C'est l'un des plus grands rapaces (oiseaux de proie) du monde, mais aussi l'un des plus menacés. Il n'en reste probablement pas plus de 500 à ce jour.

Les forêts de nuages

▲ Les bradypes (ou paresseux tridactyles) sont des mammifères aux mouvements lents. Le camouflage est leur seule défense contre leurs prédateurs, généralement des jaguars.

52 **Au Costa Rica, dans la forêt de nuages de la réserve de Monteverde, on peut faire des excursions dans la canopée !** Les randonneurs progressent d'arbre en arbre grâce à des câbles et des filets tendus entre les branches. C'est au milieu des nuages qu'ils découvrent ainsi la forêt. Au sol, tout est mouillé, car bruines et pluies se succèdent toute la journée.

▼ Dans les forêts de nuages du parc national des Virunga en Afrique, vivent les gorilles des montagnes. Ces animaux robustes et plutôt pacifiques sont protégés mais chassés par les braconniers : ce sont des animaux très menacés.

53 **Dans les forêts de nuages d'Amérique centrale, on trouve des animaux appelés des « paresseux ».** Ces animaux sont célèbres pour leur mode de vie original. Ils se suspendent aux branches des arbres et peuvent dormir à l'envers plus de 18 heures par jour, ne descendant au sol qu'une seule fois par semaine ! Des plantes poussent dans leur fourrure, ce qui constitue un excellent camouflage !

54 Les épiphytes sont des plantes qui, pour pousser, se servent d'autres plantes. Dans les forêts tropicales, elles émergent des nœuds et fissures des branches d'arbres, afin d'avoir accès à plus de lumière qu'elles n'en auraient au sol. Les plantes épiphytes ne sont pas des parasites : elles ne se nourrissent pas grâce à leur hôte.

▲ Les arbres des forêts de nuages sont recouverts d'épiphytes, et des racines poussent de leurs troncs comme de leurs branches. Ces racines pendantes peuvent mesurer des dizaines de mètres. Elles absorbent l'eau de l'atmosphère humide.

◀ Les deux plumes présentes sur la queue du quetzal mâle en font un oiseau tout à fait remarquable.

55 Le quetzal de la forêt de nuages de Mexico, possède un plumage très coloré. Au temps des Mayas, il était sacré. Le quetzal mâle (qui tire son nom du dieu Quetzalcóatl, dont il est l'une des incarnations) a les plus longues plumes caudales de tous les oiseaux de la région. Il est souvent considéré comme l'un des plus beaux oiseaux du monde. Les quetzals sont friands des fruits d'aguacatillos, de petits avocats. Ces animaux sont aujourd'hui menacés d'extinction.

IMITE LE PARESSEUX !

Mesure 3 mètres sur le sol. Combien de temps te faut-il pour couvrir cette distance ? Probablement très peu ! Maintenant, essaie de parcourir cette même distance aussi lentement que possible, en une minute par exemple. Ensuite, fais la même chose la tête en bas (mais non, c'est une blague !)

Des plantes étonnantes

56 Les forêts tropicales abriteraient plus de 50 % de la diversité spécifique terrestre. Les plantes ont un rôle important car, en s'enracinant dans le sol, elles empêchent la pluie de l'emporter. De plus, elles absorbent le dioxyde de carbone présent dans l'air et restituent de l'oxygène, le gaz que nous respirons.

57 L'une des plantes les plus nauséabondes est l'énorme *arum titan*. Cette curieuse fleur, plus grande qu'un homme, produit une odeur pestilentielle pour attirer les insectes, qui la pollinisent. L'*arum titan* ne fleurit que tous les dix ans environ !

◀ L'*Arum titan* n'existe à l'état sauvage que sur l'île indonésienne de Sumatra. Il dégage une odeur de viande pourrie.

▶ En Asie du Sud-Est, les *durians* ont une valeur culturelle, sociale et marchande : ce sont les « rois des fruits ».

58 L'odeur d'un *durian* peut se repérer à des centaines de mètres à la ronde ! Les voyageurs qui parcourent les forêts tropicales d'Asie du Sud-Est disent que les durians sentent le poisson pourri, les égouts ou le putois. Mais cela ne dérange ni les habitants de la région, ni les animaux, qui se délectent de sa chair au goût si particulier.

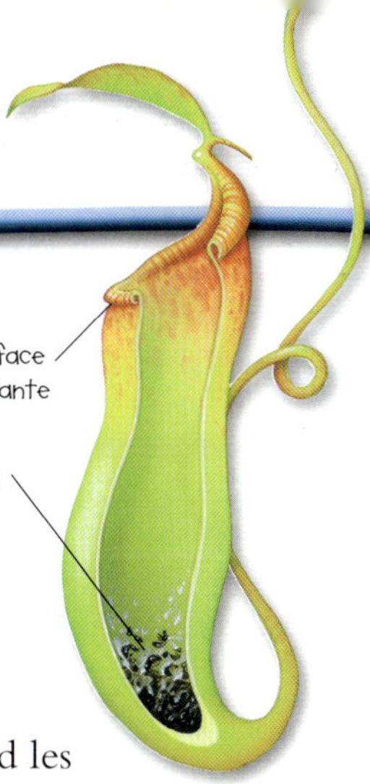

▶ Regarde à l'intérieur d'une plante carnivore et tu verras comment elle capture les insectes.

INCROYABLE !
Le liquide contenu dans les plantes carnivores serait épaissi par une sorte de bave qui absorberait les insectes à la façon des sables mouvants. Elle serait utile à la fabrication de produits luttant contre les insectes nuisibles.

59 Les plantes carnivores sont des tueuses. Ces jolies plantes dupent les insectes grâce à leur odeur alléchante. Quand les insectes se posent au bord de leur corolle, ils glissent sur sa surface cireuse qui les envoie droit au piège. La plante produit un liquide qui digère le corps de l'insecte et le dissout en quelques heures. L'énorme *Nepenthes rajah* peut même digérer des souris et des oiseaux !

60 La plus grosse fleur de la Terre, *Rafflesia*, ne possède ni tige, ni racine, ni feuille. Cette fleur peut atteindre un mètre de diamètre et dégage une forte odeur de viande en décomposition. La *Rafflesia* vit en parasitant d'autres plantes, c'est-à-dire qu'elle vole l'eau et les nutriments de son « hôte ».

▶ La mauvaise odeur de *Rafflesia* attire les mouches qui pollinisent les fleurs.

Se déplacer

◀ On trouve des serpents-lianes dans toutes les forêts tropicales du monde.

61 Les forêts tropicales sont si denses qu'il n'est pas toujours facile de s'y déplacer. Les arbres, les racines et les arbustes occupent l'espace et il y a très peu de sentiers naturels. Les animaux doivent donc voler, se balancer, ramper ou sauter pour se procurer leur nourriture, rejoindre leur abri et leurs congénères.

62 Dans les forêts tropicales, un noir d'encre s'abat dès que le soleil se couche. Les animaux qui chassent de nuit sont appelés des prédateurs nocturnes. Certaines chauves-souris utilisent l'écholocalisation, une sorte de sixième sens qui repère les vibrations émises par les proies. D'autres animaux comme les roussettes utilisent leur vue exceptionnelle.

63 Les serpents-lianes, au long corps très fin semblable à une branche, peuvent se mouvoir sans bruit parmi les arbres. Une fois la queue fermement enroulée autour d'une branche, ce serpent se laisse pendre à l'affût d'une proie qu'il pourra attraper et tuer d'une seule morsure venimeuse.

▲ Les gibbons se balancent d'arbre en arbre grâce à leurs bras longs et forts. Ce mouvement s'appelle la brachiation.

64 **Les geckos sont des reptiles qui peuvent marcher à l'envers le long des branches grâce aux millions de petits poils poussant sous les doigts de leurs pattes.** Ces poils sont trop petits pour être vus à l'œil nu, mais ils créent un ensemble qui adhère suffisamment pour que le lézard grimpeur ne tombe pas. Après de multiples recherches, des scientifiques britanniques ont réussi à créer une bande adhésive imitant la patte du gecko.

65 **Certains singes, comme le capucin moine, ont des queues préhensiles, qui leur permettent de s'accrocher aux branches.** D'autres, comme le gibbon, se servent juste de leurs bras. Les singes parcourent ainsi la forêt d'arbre en arbre, à la recherche d'insectes et de fruits à manger. Ils peuvent parfois courir au sol, tout en gardant un œil vigilant sur les jaguars.

◀ Comme les autres fauves, les jaguars bougent furtivement et en silence. Les coussinets de leurs pattes sont couverts de poils, ce qui permet d'étouffer le bruit de leurs pas.

QUIZ

Un singe se déplace sur la cime des arbres à la vitesse de 4 km/h.
Quelle distance couvrira-t-il en 15 minutes ?
a) 15 mètres b) 5 kilomètres
c) 1 kilomètre

1 kilomètre

Histoires de plumes

66 **Les oiseaux de paradis, appelés aussi paradisiers, sont les joyaux de la forêt tropicale.** Les mâles arborent en effet des plumages aux couleurs extraordinaires, indispensables pour attirer les femelles. La parade nuptiale de ces oiseaux est très complexe, et comporte parfois des poses, des danses et des chants !

67 **La parade amoureuse du coq de roche mâle est extraordinaire !** Des groupes de mâles, aux têtes orange vif, se rassemblent sur une « aire de parade » et se lancent dans une incroyable tentative de séduction. Ils dressent leur crête, agitent les ailes, remuent la tête… La femelle choisit le mâle qui l'a le plus impressionnée.

▼ Les coqs de roche mâles ne se cachent jamais derrière des couleurs ternes. Leur plumage saisissant attire les femelles, mais aussi des prédateurs.

68 **Le paradisier de Raggi possède des plumes rouges écarlates, qu'il ne dévoile que lors de la parade amoureuse !** Les mâles sont dotés d'une tête jaune or et d'une gorge d'un vert profond. Leur bec est gris. Cette espèce vit dans les arbres, en solitaire. Elle est dotée de doigts, qui lui permettent de s'accrocher fermement aux branches des arbres lorsqu'elle se balance pour exhiber son plumage.

INCROYABLE !

Les colibris, appelés aussi oiseaux-mouches, sont de minuscules oiseaux très colorés, capables de voler en arrière ou sur place. Ils se nourrissent du nectar sucré des fleurs.

▼ Quand le paradisier de Raggi se repose, sa rangée de plumes rouge-orange est cachée, mais si une femelle s'approche... il la déploie fièrement.

69 **Les oiseaux de paradis ou paradisiers vivent en Australie, en Nouvelle-Guinée et sur certaines îles d'Asie.** Il y a quelques centaines d'années, des cadavres de paradisiers, dont les pattes avaient été coupées, furent envoyés en Europe. Les scientifiques européens en déduisirent que ces oiseaux ne pouvaient pas se poser au sol avant leur mort car ils venaient tout droit du paradis. C'est l'origine de leur nom.

Un kaléidoscope de couleurs

Un heliconius melpomene

Un papillon malachite

Un morpho menelaus (morpho bleu)

▲ Les ailes de nombreux papillons sont couvertes de minuscules écailles qui reflètent les rayons du Soleil.

70 Le vert est la couleur dominante des forêts tropicales, mais les animaux qui y vivent arborent souvent des couleurs vives et brillantes. Dans un milieu où il est facile de se dissimuler, ces couleurs voyantes permettent de faire passer des messages aux autres animaux.

► La grenouille des fraises venimeuse du Costa Rica a des couleurs vives : elle signale ainsi que sa peau est recouverte d'un venin mortel.

71 Tandis que certains animaux utilisent la couleur pour attirer l'attention, d'autres s'en servent pour se cacher. De nombreux insectes comme les phasmes géants arborent des motifs marbrés verts, gris ou bruns pour se fondre dans leur environnement. Le camouflage est une façon d'éviter d'être mangé dans la jungle, mais il y a bien d'autres façons de rester en vie.

72 Le sol de la forêt est jonché de petits « chapeaux » vivement colorés. Ces petites excroissances qu'on appelle des champignons sont en fait des mycètes. Ces êtres vivants sont similaires aux plantes mais n'ont pas besoin de la lumière du Soleil. L'orange, le doré, le rouge, le bleu et le jaune sont les couleurs courantes des mycètes ; elles signalent aux herbivores que les mycètes contiennent du poison.

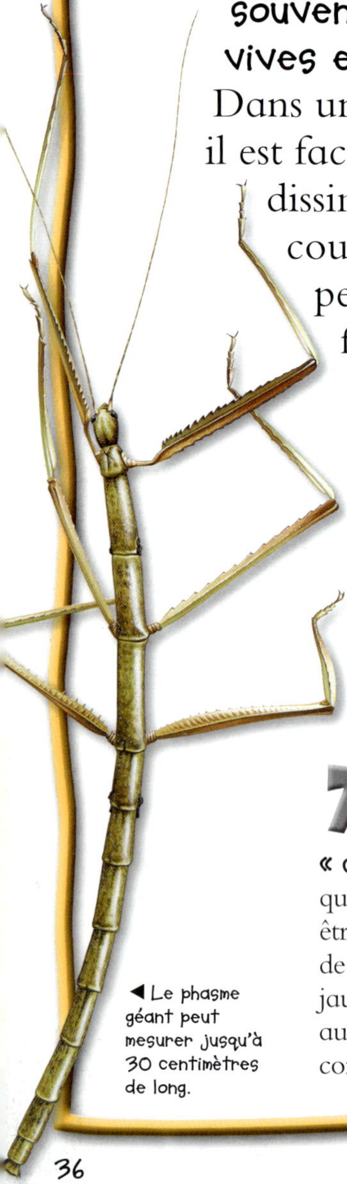

◄ Le phasme géant peut mesurer jusqu'à 30 centimètres de long.

▲ Les caméléons changent de couleur rapidement pour se camoufler mais aussi pour se rendre attirant auprès des femelles.

CACHE-CACHE

Avec l'aide d'un adulte, cherche sur Internet quels camouflages utilisent ces insectes pour survivre :
La mante religieuse
Le greta oto
Le thysania agrippina
La feuille morte du chêne
Les phyllies

73 **Les caméléons sont les maîtres du camouflage.** Ces lézards sont capables de changer la couleur de leur peau en fonction de la chaleur, de la lumière et de leur humeur. Quand les caméléons se sentent calmes et détendus, ils sont généralement verts, mais ils peuvent virer au jaune en un instant s'ils sont en colère.

▼ Les champignons poussent sur les vieux arbres et les feuilles en décomposition du sol de la forêt.

Un satyre voilé

74 **L'ara rouge ou ara macao est l'oiseau national du Honduras.** Il se nourrit de fruits et de graines, mais il fréquente parfois les bords des rivières pour y manger de l'argile. Cette argile absorbe les poisons contenus dans certaines des graines qu'il mange. Une volée d'aras macao est une véritable explosion de sons et de couleurs. Ils crient et se chamaillent pendant qu'ils mangent, mais font silence si un prédateur approche.

▶ Les couleurs arc-en-ciel du plumage de l'ara macao ont séduit les hommes qui le capturent pour le commerce des animaux de compagnie.

Les clés de la survie

75 Survivre dans une forêt tropicale est un combat quotidien. On y trouve de la nourriture en abondance et des abris, mais partout le danger menace. De nombreuses espèces ont développé d'incroyables tactiques pour ne pas se faire dévorer !

76 Certains animaux de la forêt tropicale font semblant d'être venimeux. Quand l'explorateur Henry Bates (1825–1892) explora l'Amazonie, il découvrit une espèce de papillon dont le goût déplaisait aux oiseaux. Il découvrit aussi une autre espèce qui ressemblait beaucoup à la première mais que les oiseaux appréciaient. Il en tira la conclusion que certains animaux imitent l'apparence d'autres animaux venimeux pour éviter de se faire manger.

▲ Les crapauds-feuilles tirent leur nom de leur camouflage astucieux : ils sont de la couleur des feuilles en décomposition du sol de la forêt, leur habitat.

▼ Les mygales de Leblond ne tissent pas de toiles pour attraper leurs proies. Elles chassent différents animaux, comme des grenouilles.

77 De nombreux êtres vivants de la forêt tropicale sont venimeux. La mygale de Leblond est probablement la plus grande araignée du monde. Elle mesure jusqu'à 30 centimètres de diamètre et possède des crocs de 2,5 centimètres de long. En plus de son venin, elle se sert de ses poils comme projectiles. Pour se protéger, elle projette des poils causant douleurs et irritations sur ses attaquants.

INCROYABLE !

Les animaux chassant d'autres animaux sont appelés des prédateurs. Le jaguar est l'un des plus dangereux prédateur de toute l'Amazonie. Hélas, cette espèce de félin est en voie de disparition car l'homme l'a longtemps chassé. Sa fourrure tachetée servait à fabriquer des manteaux et des chapeaux.

78

Les fourmis de la forêt tropicale peuvent se métamorphoser en appétissantes baies rouges. Les vers parasites qui vivent dans ces fourmis font gonfler et rougir leur abdomen. Les oiseaux prennent les fourmis pour des baies juteuses et les mangent. Les oeufs des vers sont ensuite disséminés par les fientes des oiseaux. Sans ce curieux phénomène, les oiseaux ne mangeraient pas ces fourmis, et les vers ne pourraient pas se reproduire.

▶ Les minuscules termites construisent partout dans la forêt, accrochés aux troncs et aux branches des arbres tropicaux, des nids larges et ronds.

79

Les fourmis et les termites vivent en colonies de plusieurs millions d'individus et font preuve d'une grande intelligence collective. Les termites bâtissent d'immenses nids dans les arbres. Au sol, les fourmis coupe-feuille ramassent les feuilles et les rapportent au nid. Ces feuilles se décomposent dans la fourmilière et permettent aux champignons dont se nourrissent les fourmis de se développer.

▼ Les fourmis coupe-feuille portent des bouts de feuilles pesant plus de 20 fois leur poids.

Les trésors de la jungle

80 **Au XVe s, quand Christophe Colomb explora les forêts d'Amérique Centrale, il était en quête d'or et de trésors précieux.** Plus tard, les nouveaux explorateurs réalisèrent que les forêts tropicales du monde abritaient de nombreuses richesses d'un autre genre : la faune et la flore. Depuis, ces richesses sont surexploitées et quelquefois détruites.

81 **La vie de nombreux hommes dépend des forêts tropicales.** Pour eux, les arbres sont le plus précieux des trésors car ils fournissent du bois. Le bois est utilisé comme combustible pour se chauffer mais on le coupe essentiellement pour en faire le commerce.

▼ De puissantes machines coupent et hachent les cannes à sucre, à grande vitesse. Cette plante est cultivée pour se nourrir mais aussi pour produire de l'éthanol, une sorte de carburant.

INCROYABLE !

Les chewing-gums viennent des arbres ! On récolte le chiclé, une sorte de latex blanc provenant du sapotillier, qui est ensuite bouilli et aromatisé.

▲ Les fèves de cacao poussent dans des gousses appelées cabosses.

▲ Le latex coule dans une sorte de tasse fixée à l'arbre.

▲ Le fruit en forme d'étoile, plus ou moins acidulé, est appelé carambole.

82

Le chocolat, le sucre et le caoutchouc proviennent de plantes de la forêt tropicale. Les cabosses sont les fruits d'un arbre appelé cacaoyer. Elles renferment des graines appelées fèves, qui sont séchées, nettoyées et transformées en chocolat. Le sucre vient d'une plante semblable à un roseau, appelée la canne à sucre. Le caoutchouc est issu de la transformation d'une gomme blanche et collante, le latex, qui se récolte sur des arbres appelés hévéas.

83

Les scientifiques se sont aperçus que certaines plantes pouvaient traiter des maladies. Les peuples des forêts tropicales connaissent depuis fort longtemps par exemple les vertus du quinquina. L'écorce de cet arbre contient en effet une substance appelée quinine. Elle était utilisée par les Indiens d'Amazonie pour soigner la malaria, une maladie mortelle propagée par les moustiques. De nombreuses autres plantes, qui ne poussent que dans les forêts tropicales, sont utilisées à des fins médicales.

84

Des fruits et des légumes, des noix, des épices et des herbes des forêts tropicales se retrouvent dans nos assiettes ! Des magasins du monde entier vendent aujourd'hui des produits comme le gingembre, les clous de girofle, le poivre, la noix de muscade, l'ananas, la banane, la carambole ou la patate douce. Que de chemin parcouru par ces aliments !

▶ L'écorce supérieure d'un quinquina est pelée pour libérer l'écorce interne jaune qui contient de la quinine.

Paradis perdus

85 **Les mangroves sont menacées par l'élevage de crevettes.**

Les arbres sont coupés et le terrain marécageux de la mangrove sert de bassin d'élevage aux crevettes, ensuite vendues dans le monde entier. Les côtes qui perdent leurs mangroves sont plus exposées aux tempêtes ou aux inondations.

86 **Le cacatoès des Philippines est une espèce en sursis !**

Ces oiseaux, qui peuplaient autrefois la quasi-totalité de l'archipel, sont aujourd'hui réunis sur l'île de Palawen. Il y a quelques années, ils étaient encore très nombreux, mais ils ont pratiquement tous disparu. Ce rapide déclin s'explique par la destruction de leur habitat, la chasse ainsi que leur vente illégale comme animaux de compagnie.

87 **Des mines d'or sont installées dans les forêts tropicales !**

On y utilise des produits très dangereux qui représentent de gros risques pour la faune et la flore environnantes. Certaines eaux polluées sont par exemple à l'origine de la disparition de nombreuses espèces de grenouilles, de crapauds et de poissons.

▲ Cette mangrove d'Indonésie a été dévastée par l'élevage de crevettes. Les mangroves protègent les terres des dégâts des eaux et abritent de nombreux animaux. Une fois détruites, elles peuvent mettre des siècles à se reconstituer.

QUIZ

1. Quel oiseau rare habite l'île de Palawen ?
2. Comment appelle-t-on une espèce qui a totalement disparu ?
3. Quelle menace plane sur la mangrove ?

Réponse : 1. Le cacatoès des Philippines. 2. Une espèce éteinte. 3. Les crevettes.

88 Les plus proches parents des humains sont en voie de disparition, par la faute des humains eux-mêmes !

L'homme appartient à l'ordre des primates. Il capture et vend certains animaux du même ordre que lui, les gorilles, les chimpanzés ou les bonobos, pour leur viande. En anéantissant une partie de la forêt tropicale, il détruit également leur habitat.

▲ Les membres de WWF (Fonds mondial pour la Nature) patrouillent en Afrique Centrale à la recherche de traces de braconnage.

89 Quand la forêt meurt, c'est tout un monde qui disparaît avec elle.

De nos jours, l'avenir semble bien incertain pour les tribus dont les familles ont dépendu des forêts tropicales pendant des siècles. Quand ils perdent leur forêt natale, il est difficile pour ces hommes de conserver les connaissances et les traditions qui leur permettaient d'y survivre.

► Les populations de grands singes à l'état sauvage comme les chimpanzés disparaissent rapidement.

Une question brûlante

90 L'acte de détruire des forêts s'appelle la déforestation. De nombreuses parcelles de forêts sont transformées en terres agricoles. Ce sont de vastes champs utilisés pour une culture unique, comme la banane ou le caoutchouc. Les scientifiques pensent que, chaque année, treize millions d'hectares de forêt disparaissent dans le monde. Les forêts tropicales sont les plus touchées.

91 Selon la FAO, l'Organisation des Nations unies pour l'alimentation et l'agriculture, la forêt amazonienne pourrait avoir disparu en 2150 ! Pourtant, la déforestation se poursuit partout dans le monde. On abat les arbres pour construire des routes, autour des exploitations minières par exemple. Comme les autochtones sont souvent pauvres, ils considèrent que le commerce du bois est un moyen de gagner leur vie.

▼ Il ne faut que quelques heures aux machines modernes pour abattre les arbres et détruire la végétation afin de rendre la terre cultivable.

INCROYABLE !

Les orangs-outangs sont en danger d'extinction car des plantations de palmiers remplacent petit à petit leur habitat. L'huile de palme est utilisée pour la nourriture et comme carburant.

▶ Ces photos aériennes montrent de grandes zones de forêt tropicale détruites pour que la terre puisse être cultivée ou occupée par le bétail.

92

La forêt amazonienne est abattue pour faire de la place au bétail. La viande produite en Amazonie est envoyée aux États-Unis et dans d'autres pays développés gros consommateurs de viande. Il y a actuellement plus de 200 millions de troupeaux dans la région amazonienne, et ce chiffre va probablement augmenter.

93

De vastes zones de forêt tropicale sont défrichées par la technique du brûlis. Les arbres et les plantes sont coupés et les restes brûlés. Le sol ainsi dégagé est alors utilisé pour faire pousser des cultures ou de l'herbe pour le bétail. Cette méthode de déforestation épuise le sol qui perd rapidement toutes ses qualités. Les fermiers se déplacent alors, plus loin dans la forêt.

94

On a découvert que la déforestation affectait notre atmosphère et notre climat. Détruire ces énormes écosystèmes pourrait entraîner de longues périodes de sécheresse et d'inondation. Une fois les forêts disparues, le sol n'est plus ni maintenu ni protégé, ce qui conduit à une érosion. Cette érosion empêche les plantes de repousser et provoque des glissements de terrain plus fréquents.

◀ On pratique le brûlis pour nettoyer le sol. Quand cette technique est utilisée trop souvent ou sur une trop large zone, des habitats entiers sont altérés ou détruits pour toujours.

Des forêts pour le futur

▲ Les touristes payent pour se promener sur la canopée et admirer les forêts tropicales d'en haut. L'argent du tourisme peut être utilisé pour protéger ces habitats et donner du travail aux populations locales.

95 Nous devons préserver les forêts tropicales du monde si nous tenons aux populations et à la vie sauvage qu'elles abritent. Un bon moyen de protection consiste à sélectionner des parcelles de forêts et à les transformer en parcs nationaux. À l'intérieur, les implantations agricoles, minières et forestières sont ainsi automatiquement interdites. Malheureusement, cette solution est coûteuse pour les pays qui les mettent en place.

96 On peut apprendre aux habitants des forêts tropicales comment utiliser des énergies alternatives, comme l'énergie solaire. L'énergie solaire est renouvelable, ce qui veut dire qu'elle ne s'épuise pas, contrairement aux arbres de la forêt. Les feux de bois produisent des fumées noires, alors que l'énergie solaire ne pollue pas : elle est uniquement produite par la lumière et la chaleur du Soleil.

▼ Les panneaux solaires captent la chaleur du Soleil, qui peut être transformée en énergie électrique fournissant lumière et chauffage.

97 La gestion durable des forêts permettra peut-être de sauver les forêts tropicales. Il s'agit d'une série de mesures visant à exploiter les forêts tout en les respectant, et en respectant les écosystèmes qui se situent aux alentours. Le bois issu de ces forêts certifiées pourra être vendu plus facilement.

98 On croyait autrefois qu'une forêt tropicale coupée ne pouvait pas repousser. Cependant, des scientifiques ont recréé une toute nouvelle forêt à Bornéo pour remplacer celle qui avait été détruite. Les graines de plus de 1 300 arbres y furent plantées et le sol fut traité avec un fertilisant spécial. Dans cette forêt, vivent aujourd'hui 30 sortes de mammifères et 116 espèces d'oiseaux. Les habitants de la région ont participé au projet et contribué à sa réussite.

99 Chacun de nous peut faire quelque chose pour l'avenir des forêts tropicales. Les consommateurs peuvent éviter d'acheter des produits qui participent à la disparition des forêts tropicales. Les gouvernements peuvent développer l'écotourisme pour que leurs habitants puissent vivre de la protection des forêts plutôt que de leur destruction.

Regarde les étiquettes avant d'acheter

* Bois
* Soja
* Bœuf
* Huile de palme

Vérifie les étiquettes avant d'acheter

100 Les forêts tropicales ne seront préservées que si les hommes respectent tous les écosystèmes délicats de la Terre. Tous ceux qui se préoccupent de la nature espèrent qu'il est encore temps d'arrêter les dégâts, et que les forêts tropicales existeront toujours dans les siècles à venir.

▶ Un orphelinat pour orangs-outangs à Bornéo. Des hommes soignent des bébés orangs-outangs, pour les réintroduire ensuite dans la nature.

Index